Compte rendu

de la

Semaine

de

Droit normand

tenue à Rouen du 22 au 27 juin 1925

.(Extrait de la *Revue historique de droit français et étranger*, 4e sér., T. IV)

SOCIÉTÉ ANONYME
DU
RECUEIL SIREY
22, Rue Soufflot, PARIS, 5e
LÉON TENIN, Directeur de la Librairie

1925

Compte rendu

de la

Semaine

de

Droit normand

tenue à Rouen du 22 au 27 juin 1925

Compte rendu

de la

Semaine

de

Droit normand

tenue à Rouen du 22 au 27 juin 1925

Extrait de la *Revue historique de droit français et étranger*, 4e sér., T. IV)

SOCIÉTÉ ANONYME

DU

RECUEIL SIREY

22, Rue Soufflot, PARIS, 5e

LÉON TENIN, Directeur de la Librairie

1925

COMPTE RENDU DE LA SEMAINE D'HISTOIRE
DU DROIT NORMAND

tenue à Rouen du 22 au 27 juin 1925.

———

I. **La Coutume de Normandie au Bas-Canada**, par M. L.
ANTIER, avocat chargé de cours à la Faculté de droit à Rouen.

La Coutume de Paris a régi le Bas-Canada depuis 1664
jusqu'à 1867, date de la promulgation du Code civil.

Mais entre 1534, début de l'occupation française, et 1664,
la législation civile applicable à la Nouvelle-France ne fut
pas déterminée d'une façon positive. Ce fut une lutte serrée
entre la Coutume de Paris et la Coutume de Normandie.

La première raison en est que les premiers émigrants
étaient en grande majorité normands, et tout naturellement ils demeuraient attachés à la Coutume qu'ils connais-
saient.

En second lieu, la Prévôté de Québec relevait en appel du
Parlement de Rouen. De ce fait, la Coutume de Normandie
recevait en appel une application officielle.

Enfin, la Compagnie des Cent-Associés, qui exerçait un
droit de contrôle puissant sur la colonie, écartait l'application de la Coutume de Paris au profit de la Coutume de Normandie, toutes les fois qu'elle y trouvait avantage.

C'est ainsi que jusqu'en 1663, les deux Coutumes coexis-
tèrent dans la colonie, appliquées, tantôt l'une, tantôt l'autre, tantôt concurremment, suivant les institutions, suivant
les personnes et suivant les régions.

Cependant, d'une façon générale, les Cent-Associés entendaient établir la prédominence de la Coutume de Paris. Dans les contrats passés par la Compagnie avec les colons, une clause stipulait que la convention serait régie par la Coutume de Paris.

En avril 1663, un édit rendu sous l'influence de Colbert enleva la colonie à la juridiction du Parlement de Rouen et constitua le Conseil supérieur de Québec, sur le modèle des Parlements de France. Tribunal d'appel, le Conseil supérieur devait suivre les règles de procédure du Parlement de Paris.

Enfin, l'édit de mai 1664, applicable à toutes les colonies françaises, précise que « seront les juges tenus de suivre et de se conformer à la Coutume de la Prévôté et Vicomté de Paris, suivant laquelle les habitants pourront contracter, sans que l'on puisse y introduire aucune Coutume, pour éviter la diversité ».

II. **Le Parlement de Normandie et l'unité de législation**, par M. G. de Beaurepaire, avocat, directeur des cours de la Faculté de droit à Rouen.

Avant que ne fût opérée la réforme de la Coutume, le Bureau de la ville, les Etats de la province, se préoccupent de la rédaction des Coutumes de Normandie, de leur consécration en loi certaine et inviolable ; mais lorsque l'initiative des lois viendra de la Royauté, nous verrons le Parlement s'opposer par tous les moyens à ce qui pouvait être considéré comme un premier pas vers l'unité de législation. Si les Etats se plaignent de la multiplicité des édits et des « entrepreneurs d'édits », le Parlement ne reste pas en arrière. Pour ne citer que l'un des plus célèbres — l'édit de Nantes —, les conseillers rouennais prolongeront pendant onze années une opposition, qui ne cèdera que devant la volonté formelle du Roi. Toutes les tentatives d'indépendance du Parlement viendront échouer contre la volonté royale devenue plus exigeante. L'ordonnance de 1667, sur la procédure civile, ne commençait-elle pas par réduire à peu près au silence les magistrats : toute ordonnance portée au Parlement par gens porteurs des ordres exprès du Roi devant être enregistrée et exécutée sur l'heure. C'est ainsi qu'il en fut à Rouen, où l'ordonnance fut portée au Parlement par le duc de Montausier gouverneur de Normandie et l'intendant la Galissonnière. Lorsque fut adressée aux cours souveraines l'ordonnance criminelle de 1670, le Parlement de Rouen tenta encore quelques remontrances; mais il dut s'incliner devant une autorité qui voulait être libre et absolue. Au xviiie siècle, paraîtront successivement les ordonnances de Daguesseau sur les donations, les testaments et les substitutions. Que nous interrogions la correspondance du Chancelier ou les registres secrets du Parlement, ce sont toujours de part et d'autre les mêmes prétentions. En multipliant les remontrances, le Parlement croit sauvegarder de toute atteinte les institutions normandes, les « lois municipales de la province ». La Normandie tient à ses coutumes comme à des privilèges et le Parlement, se considérant comme le représentant des libertés publiques, les défend contre toute modification du pouvoir royal. Le Parlement de Rouen n'allait-il pas jusqu'à dire dans un arrêt de juin 1788 que le « système d'unité... rejetant la diversité des coutumes, ne laisserait plus voir dans toute la France, au lieu d'un roi chéri, qu'un maître redouté et des esclaves avilis au lieu de sujets fidèles » !

III. **La puissance maritale et la capacité de la femme mariée dans l'ancien droit normand,** par M. R. Génestal, professeur à la Faculté de droit de Caen.

Les Coutumiers gardent encore trace d'une autorité familiale s'exerçant sur la femme non mariée (la fille ne sort de garde que par le mariage, la veuve peut être sous l'autorité d'un parent *manu tenens*). Mais cette autorité s'est maintenue spécialement sur la femme mariée au profit du mari, qui a droit sur la personne (correction) et sur les biens de la femme. Il ne s'ensuit pas toutefois que celle-ci n'ait aucune capacité.

En matière pénale, la femme est responsable pénalement, le mari civilement comme possédant les biens.

En matière de procédure : 1° pour affaires criminelles la femme est incapable (à raison de son sexe). C'est le mari qui agit. S'il refuse de défendre, il y a lieu, au xiiie siècle, à l'enquête du pays, plus anciennement à purgation par le fer rouge. Au xe siècle il semble que la femme n'ait pu être régulièrement poursuivie, mais seulement par l'arbitraire de l'autorité ducale. Mais le refus du mari de défendre laissait sans doute la femme exposée à la vengeance privée ; 2° pour affaires civiles, même incapacité originaire. Au XIIIe siècle la procédure d'enquête est ouverte à la fille ou veuve. Si la femme est mariée, le mari est partie principale et la femme partie jointe, le plus souvent représentée par son mari (N. pour lui et attourné sa femme). Mais elle n'est pas personnellement incapable, puisqu'elle peut elle-même être attournée de son mari.

En matière civile, l'incapacité de la femme mariée ne s'est maintenue que dans la mesure des droits du mari sur les biens. En principe la femme est capable, elle a un sceau. Elle peut acquérir dans la mesure où le régime matrimonial lui permet de posséder (succession ou donation et dans ce cas avec le concours du mari qui doit être saisi), mais non à titre onéreux, n'ayant rien pour acheter (sauf au XIIIe siècle retrait lignager et peut-être acquêts en bourgage). Elle peut aliéner avec le consentement du mari (sous réserve de la théorie récente de l'inaliénabilité dotale). Elle peut s'obliger de même, mais ce qu'elle ferait seule n'obligerait ni son mari, ni elle-même (*Atiremens*, 4).

Pour expliquer cette situation complexe, plusieurs théories ont été élaborées dès le XIIIe siècle : théorie biblique et patristique de la *potestas* (*Dudon*, II, 32, p. 172. — *Summa*, 100, 2) ; théorie, surtout anglaise, de l'unité de personne ; théorie de la garde ; théorie romaniste de l'*auctoritas* empruntée, dans le dernier quart du XIIIe siècle à l'*auctoritas tutoris* romaine.

IV. Les Observations des tribunaux d'appel normands, sur le projet de Code civil de l'an VIII, par M. E. Bridrey, professeur à la Faculté de droit de Caen.

Les *Observations* des tribunaux d'appel, bien que plusieurs fois éditées, sont encore aujourd'hui mal connues. Leur étude est assez délicate, dans l'état actuel de notre documentation, parce que les textes publiés sont à la fois incomplets et défectueux, et parce qu'on n'a point songé jusqu'ici à utiliser, pour les éclairer, les renseignements que peuvent fournir, sur les circonstances matérielles et morales, comme sur les incidents de la rédaction, les Archives locales et les greffes des cours d'appel.

Les ressorts des deux tribunaux d'appel de Caen et de Rouen, organisés par la loi du 27 ventôse an VIII, constituaient, au point de vue juridique, un ensemble remarquablement homogène, puisqu'ils avaient été formés (presque entièrement) de pays régis jusque là par la seule Coutume de Normandie, et soumis à la juridiction de l'unique Parlement de Rouen. Leur personnel, de son côté, recruté localement, était purement normand d'origine, de formation scientifique et d'habitudes professionnelles (presque tous les membres avaient étudié à la Faculté de Caen, et avaient été magistrats ou avocats dans les anciennes juridictions normandes). Toutes ces circonstances réunies expliquent à la fois l'étroite parenté des *Observations* des deux tribunaux, et leur esprit souvent très local, ainsi que le souci dont elles témoignent en faveur de certaines institutions normandes traditionnelles (tiers coutumier, régime sans communauté, tutelle, douaire des enfants), qu'elles voudraient voir conservées dans le nouveau Code.

Aucune pression officielle ne paraît s'être exercée, en vue d'influencer soit le choix des commissaires, soit la rédaction elle-même. Les commissions ont d'ailleurs été, à Rouen comme à Caen, remarquablement composées; les tribunaux y ont nommé leurs membres les plus distingués, dont certains, par leurs travaux antérieurs ont certainement dû exercer une légitime influence. La présence à Rouen du vice-président Eude, qui avait été le rédacteur de la loi de Brumaire an VII, et à Caen de Cailly, l'ancien rapporteur aux Anciens des projets sur le régime hypothécaire, expliquent tout particulièrement les développements étendus que consacrent nos *Observations* à la critique du titre des *Privilèges et hypothèques*.

V. **Le cumul des bénéfices au Chapitre de Rouen au xviie siècle**, par M. FERON.

Au xviie siècle la question est dominée, moins peut-être par l'intérêt que par le traditionnalisme des Chapitres jaloux de leurs anciens droits.

Depuis le Moyen âge, un droit était reconnu à l'église de Rouen de pouvoir cumuler avec une prébende canoniale un bénéfice à charge d'âmes. Ce privilège, confirmé par les papes

Clément VI et Grégoire XI, dispensait donc les chanoines de résider à leur cure, à charge évidemment de faire desservir celle-ci par un vicaire idoine. Plusieurs arrêts de l'Echiquier et surtout l'article 5 de l'Ordonnance d'Orléans (1560) avaient enregistré et confirmé ce privilège.

Plus tard, le Concile de Trente ordonna bien la stricte obligation de la résidence ; mais le Concile n'ayant pas été reçu en France, ce fut aux ordonnances royales à pourvoir aux remèdes nécessaires. L'art. 14 de l'ordonnance rendue en 1579, ensuite des Etats généraux de Blois, reproduisait presque littéralement les textes du Concile, mais sans abroger explicitement les textes antérieurs, favorables aux privilégiés. Enfin, après le Concile provincial de 1581, le cas des chanoines normands ayant été porté à Rome, le Pape lui-même admit, vu la nécessité et utilité des églises, qu'il soit pourvu selon les cas particuliers. Grâce à cette double tolérance, les chanoines, jusqu'au milieu du xviie siècle, purent jouir sans contestation de leurs privilèges.

En 1640, un arrêt du Conseil, intéressant le diocèse de Limoges, mais applicable à toute la France, permit à la Compagnie secrète du Saint-Sacrement d'inquiéter les chanoines de Rouen. Vainement l'archevêque prit la défense des privilèges de son église ; sur le réquisitoire d'un magistrat notoirement janséniste, l'avocat général Le Guerchois, le Parlement de Rouen rendit un arrêt condamnant formellement la non résidence (1647). Pendant encore quelques années les chanoines prolongèrent la résistance, utilisant d'abord l'opposition entre les deux Parlements semestres, puis attaquant l'arrêt par la requête civile, mais finalement durent abandonner la procédure et se soumettre.

Certaines polémiques récentes ont opposé la lutte des chanoines rouennais pour le cumul à leur attitude dans la querelle sur la casuistique (1656), mais il est certain que Charles Dufour, ancien curé de Saint-Maclou de Rouen, devenu *ensuite* trésorier du chapitre, ne saurait être taxé de laxisme, moins encore de duplicité.

VI. **Rouen et les Etats provinciaux**, par M. H. Prentout, professeur à la Faculté des lettres de Caen.

Par son site, Rouen est une capitale : historiquement on

ne saurait oublier qu'au Moyen âge, il n'y avait ni pour le Roi ni pour le chef d'Etat de résidence fixe. Rouen cependant a joué un grand rôle politique après le retour de la Normandie à la Couronne en 1450, d'une part par le fait qu'elle fut le siège du gouverneur général, lorsque cette institution peu à peu se dégagea de cette sorte de haut commissariat collectif institué après la Réduction, puis de l'Echiquier perpétuel qui devint le Parlement et de la Cour des Aides ; d'autre part, par l'influence considérable qu'elle exerça sur les Etats provinciaux.

Remarquons d'abord que cette histoire ne put être écrite sans le dépouillement des Archives communales de Rouen puisque, faute de fonds des Etats depuis longtemps disparu, on ne connaît l'histoire des Etats que par les délibérations de l'Hôtel de Ville de Rouen lors des élections, préparation des cahiers ou compte rendu des députés.

Rouen a été le siège de la plupart des Conventions tenues depuis 1450 jusqu'en 1655 : la salle de l'archevêché est le lieu ordinaire de ces réunions.

Rouen a une députation spéciale, distincte de celle des vicomtés : deux échevins, le pensionnaire et son procureur.

Et surtout ce procureur est pendant un siècle le procureur des Etats. Or celui-ci joue un rôle considérable, il est le *cahier en action*, le *tribun* du peuple normand. Il poursuit l'exécution des vœux des Etats auprès du Roi, du Conseil privé, du Conseil d'Etat ; s'oppose devant le Parlement, la Cour des Aides, la Chambre des Comptes à l'enregistrement des édits qu'il juge nuisibles. Une grande partie de l'intérêt de l'histoire des Etats est dans cette activité du procureur qui fut presque toujours un rouennais.

Enfin il arrive très souvent que le président *élu* de la Convention est un membre du clergé, en particulier du Chapitre de Rouen. Les grands orateurs des Etats ce furent : Jean Masclin, Artus Fillon, Nicolas Clérel, tous membres de ce Chapitre.

Rouen a donc exercé une influence considérable justifiée par l'expérience de ses juristes, de ses marchands et de ses clercs.

VII. **Les modifications au système des preuves entre**

l'époque du **Grand Coutumier et celle de la Coutume réfor-
mée**, par M. Astoul, professeur à la Faculté de droit de Caen.

Les observations faites par M. Astoul sur ce sujet ont porté.
seulement : 1° sur l'époque de la disparition du duel en
matière civile, qui est encore supposé possible en 1278; 2° sur
le caractère de l' « enqueste », qui l'a remplacé, qui n'est pas
celle du bref d'establie généralisée, mais une nouvelle application de l'*inquisitio ex jure* de la *Summa*; 3° surtout sur la
concurrence faite à l' « enqueste » normande par celle qui
est faite par témoins séparément interrogés suivant le système romano-canonique. La conception traditionnelle des
jurés comme témoins et non comme jugeurs devait, dès lors
qu'ils n'avaient pas normalement à rendre raison de leur
conviction, qu'ils pouvaient être seulement témoins de *crédence*, faire considérer leur déposition comme ayant moins
de valeur que celle des témoins de *science* ou de *certain*.
L'exigence de témoins de certain, qui s'est rapidement éta-
blie en matière personnelle ou mobilière, apparaît en certains
cas en matière héréditale dès avant la fin du xiie siècle dans
les *Arresta communia*, ainsi que l'a sommairement noté
Brunner. L'examen des décisions (1) semble montrer que, si
l'on se contente du témoignage de crédence, lorsque le jury n'a
qu'à trancher la question posée par les termes ordinaires
d'un bref tel que le bref d'establie, le témoignage de certain
est exigé lorsqu'il s'agit de la preuve d'un fait particulier,
par exemple d'une convention invoquée à titre. d'exception,
du moins si ce fait n'est pas trop ancien pour qu'on puisse
pratiquement trouver des témoins de science : cette dernière.
condition étant énoncée sans grande précision (*de post xxi
annorum spacium vel circa*; — *secundum temporis quan-
titatem*).

VIII. **Les attributions des conseillers de la ville de
Rouen au xvie siécle**, par M. Paul Jubert, archiviste paléo-
graphe, bibliothécaire de la ville de Rouen.

Les attributions particulières des conseillers de la ville de
Rouen sont définies au xvie siècle par le premier « Registre-
Journal de l'hostel commun » de la ville (4 juillet 1532-18 avr.

____

(1) *Arresta communia scacarii*, édit. Perrot, n°s 81, 107, 108, 123, 132.

après Pâques 1555). Dans ce registre ne sont consignées que les assemblées tenues « au bureau » — selon le terme consacré — par les six conseillers de la ville seuls, ou quelques-uns d'entre eux, à toute époque de l'année. Ils s'y occupent d'affaires variées : délivrance d'un certificat de bourgeoisie, mesures d'hygiène publique contre les pestiférés, taxation du prix de vente du blé, marchés passés pour les travaux à entreprendre dans les édifices de la ville, attribution de places de vendeurs aux halles, gestion des revenus de la ville, nomination des fonctionnaires municipaux, délivrance de congés pour la mise à couvert dans la ville de marchandises importées par les marchands forains.

Le soin de recueillir les revenus de la ville est confié à un receveur qui doit rendre compte aux conseillers des deniers reçus par lui. Cette gestion ne peut aller cependant jusqu'à l'aliénation des biens de la communauté, qui doit être autorisée par une assemblée plus importante : celle des XXIV du conseil. Les fonctionnaires, greffier, receveurs, avocats-pensionnaires, maîtres des ouvrages de la ville, gardes des chaussées des rivières d'Aubette et de Robec, gardes des blés engrangés aux halles, clercs siégés des aides octroyées par le roi sur les boissons, etc.... sont nommés en vertu de commissions délivrées sous les signets des conseillers et révocables à leur gré.

Tout marchand forain, c'est-à-dire étranger à la ville, ne peut y introduire ses marchandises sans en demander la permission et il doit produire des lettres de non préjudice qui reconnaissent ce privilège communal. S'il y a forfaiture et que l'affaire doive être portée en jugement, c'est le bailli de Rouen qui règle le différend survenu entre les marchands et la ville. En cas d'appel, le Parlement de Normandie statue en dernier ressort. La délivrance de ces congés paraît, d'après la note annexée au chapitre XXXVII du Coutumier de la Vicomté de l'Eau de Rouen, par Germain de la Tour en 1617, avoir appartenu précédemment à cette juridiction.

IX. **Les brefs de patronage d'église dans l'ancien droit normand**, par M. F. Soudet, licencié ès lettres, licencié en droit.

En droit commun normand, le patronage était une matière

concernant le fief noble, le *feodum liberum* et relevait naturellement de la cour du seigneur suzerain. L'église, prétendant que c'était un droit temporel annexé au spirituel, en avait revendiqué la connaissance avec un certain succès. Henri II, au conciliabule de Clarendon (1164), prétendit réserver toute la compétence à la juridiction royale. L'étude des documents postérieurs établit son insuccès relatif. Le bref de *derrein présentement* n'était applicable que dans l'hypothèse d'une église vacante et ne tranchait que la question possessoire au profit du présentateur de la dernière *persona*. Au pétitoire, les juridictions féodales et ecclésiastiques restèrent compétentes.

Mais l'église souffrait d'être dessaisie des litiges les plus fréquents et les plus importants en pratique, c'est-à-dire céux qui se produisaient lors de la vacance du bénéfice. A la demande des prélats normands, Philippe-Auguste organisa, pour les litiges de patronage d'église vacante où des clercs étaient en cause, une juridiction mi-partie ecclésiastique, mi-partie laïque.

Le bref de *derrein présentement* était obtenu du bailli, qui ordonnait la réunion des assises tournoyans de patronage d'église vide, faisait semondre un jury de nobles du voisinage et assigner le défendeur. Le jury rendait à la majorité un verdict ou réponse collective. La sentence était rendue sur l'avis de l'assistance, nobles et ecclésiastiques, appelés sages ou jugeurs. Le bailli délivrait un mandement adressé à l'évêque, lui enjoignant de conférer au présenté du gagnant.

La procédure nouvelle dérivait du bref de *derrein présentement*, mais elle présentait avec lui des différences considérables. Tout d'abord, ce nouveau bref était pétitoire, c'est-à-dire qu'il servait à trancher la question de la propriété du droit de patronage, et très subsidiairement celle de la possession. D'autre part, la juridiction était mixte. Présidée au même titre par le bailli royal et par le doyen délégué de l'évêque, elle comprenait un jury de quatre prêtres et de quatre chevaliers. Ce jury ne donnait pas un verdict collectif, mais les jurés étaient interrogés individuellement : ils devaient rendre compte des raisons de leur opinion, *de causis scien-*

tiae, suivant la distinction des témoins de *science* et des témoins de *crédence* inspirée du droit canonique.

X. **L'influence du droit canonique sur la procédure normande du xiii° siècle,** par Mlle Olive G. Farmer.

L'influence exercée par le droit canonique sur la procédure normande, aussi bien que cette procédure elle-même, se divise naturellement en matière civile et en matière criminelle.

En ce qui concerne la procédure civile elle fut peu importante, et n'est pour la plupart qu'une influence verbale sur les auteurs du *Très Ancien Coutumier* et de la *Summa de Legibus* aussi bien que sur la phraséologie légale dont on se servait officiellement à cette époque. Par exemple, les écrivains normands témoignent de la connaissance du droit canonique en employant la phrase « *ordo judiciarius* » et les expressions « *fidejussio* » et « *dilatio* » comme équivalents de « plevine » et d'essoine ; mais à l'exception de la capacité ou de l'incapacité des témoins, de l'emploi par occasion de procurateurs, et probablement de la « *missio in possessionem* » dans un nombre restreint de cas de contumace, on ne peut trouver d'influence canonique très sérieuse dans la procédure civile normande.

Quant à la procédure criminelle, d'autre part, l'influence canonique se fait voir et dans la matière et dans le langage. Le jugement par l'*inquisitio*, qui parut dans le droit canonique à la fin du xii° siècle, fut adopté presque tout de suite et dans son ensemble par le système normand, et prit sa place à côté de l'accusation formelle suivie du combat judiciaire comme moyen régulier d'arrêter un jugement, et entraîna avec lui, selon l'auteur de la *Summa*, l'audition secrète des témoins et la rédaction par écrit de leurs témoignages. En outre, les théories normandes du « notoire » et de la « *diffamatio* » sont évidemment inspirées par le droit canonique. Nous avons aussi dans les causes criminelles la « vive prison » empruntée au droit canonique soit par l'auteur de la *Summa*, soit par le droit normand lui-même, et la peine de talion, tirée en premier lieu d'une source canonique, mais introduite en Normandie par l'intermédiaire du roi de France et comme une coutume française.

. Il est moins facile de résoudre le problème de l'identité des canonistes qui ont eu une influence directe sur l'auteur de la *Summa*. Tout ce qu'on peut dire à ce sujet, c'est que, d'après l'évidence du texte, les sources les plus vraisemblables de l'inspiration canonique sont les *Décrétales* de Grégoire IX et l'*Ordo Judiciarius* de Tancrède, celui-ci surtout en ce qui concerne la procédure criminelle.

XI. **Les clercs ou greffiers de la ville de Rouen (xvᵉ-xviiᵉ s.)**, par M. Henri Labrosse, directeur des Bibliothèques et Archives de la ville de Rouen.

Le registre V 1 des Archives municipales de Rouen nous a conservé toute une série de lettres de commission, de 1446 à 1690, des « secrétaires généraux » de jadis et permet de préciser leurs droits, leurs obligations et l'importance de leur rôle.

Choisis et nommés par le bureau des six conseillers, qui, depuis la suppression de la mairie en 1382, administraient la ville, ils furent qualifiés successivement de *clercs, clercs-greffiers, greffiers, secrétaires-greffiers* de la ville et communauté ou de l'Hôtel commun de la ville.

La vacance résultait soit d'un décès, soit d'une résignation volontaire, motivée par l'âge ou la santé, mais n'entraînant pas toujours la suppression de tous droits ou profits pour le prédécesseur, qui bien souvent fut le père ou le parent.

Serment devait être prêté devant le bailli.

Les gages fixés, sans variation jusqu'en 1690, à 50 livres tournois, étaient complétés officiellement par une gratification annuelle, par le droit au logement dans l'Hôtel de ville, et par des taxes sur certains actes.

Le clerc devait rédiger tous les actes de l'Administration, assister aux assemblées, en dresser procès-verbal, en garder scrupuleusement le secret, suivre les comptes des receveurs, veiller aux intérêts de la ville.

Tendance très nette à transformer la charge en office personnel.

L'édit de juillet 1690 réserva au Roi la nomination. Claude Coignard dut payer 17.200 livres l'office concédé, il est vrai, à titre héréditaire et aux gages de 1.075 livres. Obligations nouvelles : inventaire des archives, tenue du cadastre, bénéfice de diverses exemptions.

Fort instruits en droit, expérimentés en affaires, plusieurs jouèrent un rôle important dans notre histoire communale, tels Jean Heuzé, qui devint procureur de la ville et fut député aux États, Jean Papillon, Jean Petit, Nicolas Danten, qui se mêla activement, non sans en pâtir, aux luttes religieuses du milieu du xvie siècle, Jean Gosselin, sieur de la Vacherie, procureur des Etats.

XII. **La Haute Justice de l'abbaye de Montebourg**, par M. Lecacheux, archiviste de la Manche.

Les religieux de Montebourg possédaient la plénitude de juridiction dans la ville, le samedi jour du marché et les jours de foires. L'origine de ce droit de haute justice, mentionné pour la première fois dans une charte de Henri Ier, roi d'Angleterre et duc de Normandie (1108), se rattache sans doute à la création par ce prince des trois foires de la Chandeleur, des Rouaisons (Ascension) et de la mi-août, encore existantes de nos jours. Plusieurs brefs de Henri Ier, transcrits dans le Cartulaire, définissent le caractère et la portée de ce privilège et l'assimilent à celui dont jouissait l'abbaye de Fécamp, en vertu d'une donation célèbre de Richard II, datant de 1027. Les droits des moines de Montebourg furent confirmés, au cours du xiie siècle, par Etienne de Blois, Geoffroy Plantagenêt et Henri : mais ils se heurtèrent, à partir du xiiie siècle, à la politique du gouvernement central, dont les efforts tendirent à enlever aux seigneurs hauts justiciers la plénitude de juridiction qu'ils avaient originairement sur leurs hommes. Dans cette lutte contre les officiers royaux de Valognes, qui tantôt leur contestaient la correction des poids et des mesures ou la connaissance du gage de bataille, tantôt faisaient arrêter eux-mêmes les criminels en plein marché de Montebourg et les amenaient devant la justice du Roi pour y être jugés, les moines n'ont cessé d'invoquer le texte des chartes de Henri Ier et de nombreux jugements d'assise, rendus après enquête, leur ont donné gain de cause. Ils ont même réussi à étendre leur droit de haute justice à des foires créées dans la suite et à un second marché hebdomadaire fixé au mercredi. Les criminels arrêtés à Montebourg, les jours de foires, et marchés, pour des crimes commis ailleurs, furent également réclamés par la justice de l'abbaye, et les officiers du Roi ne purent, malgré tous leurs efforts, enlever aux moines la connaissance de ces cas particuliers, pourtant sujets à litige. Par contre, nous voyons plusieurs fois au cours du xiv⁰ siècle, les officiers de l'abbaye conduire eux-mêmes à Valognes, pour y être jugés par le vicomte, des criminels pris en flagrant délit à Montebourg, le jour du marché, et se dessaisir du jugement tout en réclamant l'exécution. La longue lutte qu'ils eurent à soutenir contre les officiers de Valognes ne semble avoir pris fin qu'en 1619, à la suite de plusieurs arrêts du Conseil privé du Roi, qui maintinrent définitivement l'abbaye dans la possession de ses droits.

XIII. **La clameur de haro devant le Directoire de la Seine-Inférieure**, par M. P. LE VERDIER, docteur en droit, président de la Société d'Histoire de Normandie.

M. Le Verdier a apporté deux curieux exemples de la survivance de notre vieille procédure. Le premier est de 1790, à la veille de la réorganisation judiciaire. Haro fut crié par le fermier des religieux Feuillants de Rouen, pour arrêter une saisie pratiquée par le maire de Cideville au nom de la commune. Portée devant le Directoire du district, puis devant le Directoire du département, l'affaire fut renvoyée « devant le juge à qui la connaissance en appartient ».

Le second cas est de 1791. C'est le curé de Saint-Jean de Cailly qui crie haro contre la saisie pratiquée par le porteur du rôle de la contribution patriotique. Le Directoire prononça : « à tort le haro, à bonne cause la saisie », condamnant le curé à l'amende du haro modérée à 5 sols et aux dépens.

XIV. **Conflits entre la Vicomté de l'Eau et les administrateurs de Rouen du xiii⁰ au xvi⁰ siècle**, par M. BOIMARE, licencié en droit, licencié ès lettres.

Le Coutumier de la Vicomté de l'Eau, rédigé vers 1275, donne aux Vicomtes de l'Eau, officiers du Roi, un double rôle : 1° percevoir des droits fiscaux ou « coutumes » sur diverses marchandises apportées à Rouen par les forains, droits perçus pour leur propre compte, car ils en sont fermiers ; 2° juger les procès nés à l'occasion de cette perception.

D'anciens privilèges exonéraient les Rouennais ou « jurés au maire » de payer les coutumes. Une sentence de 1238 oblige le maire à sommer son juré de comparaître devant le Vicomte pour répondre d'une fraude (Coutumier ch. 36).

Les fermiers ne restent pas juges et parties. Dès 1302, d'après Farin, certainement dès 1336, il y a un Vicomte seul juge des procès (registre de l'Echiquier de St-Michel 1336, f° 3 v°, Pâques 1337, f°s 38 v°, 39 r°). Son pouvoir a diminué. L'ordonnance du Roi Jean, mars 1358, qui conférait au maire le droit de juger les forains participant à la foire franche du Pardon consacrait un droit revendiqué à l'Echiquier de Pâques 1337 (f° 42 r°).

A la fin du XIVe siècle ce sont les conseillers de la ville et non plus le Vicomte qui délivrent aux forains les « congés » pour décharger et « mettre à couvert » leurs marchandises (Coutumier ch. 37).

Les fermiers percevaient souvent des droits supérieurs à ceux du Coutumier. Le 1er mai 1505 les conseillers de la ville réclament « ung tableau qui sera mis aud. lieu de la Viconté, enquel sera mis l'acquit deu au Roy » (Arch. munic., Reg. des délibér. A 10, f° 2 v°). Une ordonnance de l'Echiquier (mai 1509) statue en ce sens.

Altération des monnaies, donations, exemptions diminuent les recettes. Enfin un arrêt du grand conseil (11 mars 1548) rend le Vicomte de Rouen juge des forains. Mais grâce à l'ordonnance d'Henri II du 22 mars 1554, déclarant que le Coutumier a toujours force de loi, le Vicomte de l'Eau ne disparaîtra pas.

XV. **Les ressources de la série G dans les archives normandes pour l'étude du droit ecclésiastique au XVIIIe siècle,** par M. l'abbé Sevestre, chargé de conférences à l'Ecole pratique des Hautes études (sciences religieuses).

L'archevêque avait une réelle autorité, qui s'affirmait notamment par l'officialité métropolitaine et l'assemblée provinciale du clergé. L'évêque était puissamment secondé, d'une part par les vicaires généraux et les archidiacres, d'autre part par les secrétaires, les greffiers des insinuations ecclésiastiques et de mainmorte, les receveurs des décimes. En outre, de précieuses institutions apportaient leur concours à l'administration épiscopale. Les unes étaient permanentes : c'étaient les chapitres, les officialités, les tribunaux de basse, de moyenne et de haute justice, les chambres ecclésiastiques, les séminaires, les petits séminaires et les maîtrises des cathédrales. Les autres étaient transitoires, c'étaient les synodes diocésains, les conférences et les retraites ecclésiastiques, les assemblées décanales et diocésaines.

Sans être aussi compliquée, l'administration paroissiale n'en était pas moins solide. Le curé l'unifiait. Il jouissait d'une grande puissance au spirituel et au temporel, même quand son autorité était limitée par les collégiales, ou quand dans les paroisses à plusieurs portions elle était divisée. Il disposait à son gré de son vicaire. Mais il rencontrait plus d'opposition de la part des habitués qui formaient de véritables corps. Par contre le curé avait d'utiles appuis dans les « généraux » ou « communs » et les confréries.

Ce sont les documents de cette administration qui forment la série G. Les papiers des secrétariats et les documents financiers nous sont parvenus en abondance. Les délibérations capitulaires, les sentences des officialités, les procès-verbaux des chambres ecclésiastiques, sont assez bien conservés pour quelques diocèses, particulièrement pour le diocèse de Rouen. Les registres des « généraux » et des confréries n'existent guère que pour les villes et les bourgades. Les visites archidiaconales sont rares. On ne possède qu'un registre de conseil épiscopal. Il y a beaucoup de lacunes dans les actes archiépiscopaux et épiscopaux, qui se trouvent dispersés dans un grand nombre d'archives et qu'il est urgent de rassembler.

Ce serait la première conclusion de mon travail. On peut en formuler une seconde : à cause des lacunes qui existent dans les documents et par suite des liens étroits qui unissent les administrations, les études de droit ecclésiastique au xviiie siècle gagneraient à embrasser toute la province ecclésiastique de Rouen. Elles pourraient sans inconvénients se limiter dans le temps.

XVI. Les origines, en Normandie, de l' « obligatio bonorum » considérée comme sûreté des créances mobilières, par M. J. Yver, licencié en droit, licencié ès lettres.

L'*obligatio bonorum* apparaît en Normandie dès la fin du XIIe siècle, début du XIIIe ; ses origines sont étroitement liées à la plévine. Le plège a perdu à cette époque le rôle d'influence personnelle, de contrainte morale ou juridique à l'égard du débiteur, qui le caractérisait encore vers le milieu du XIIe siècle. Son obligation est devenue purement pécuniaire. L'*obligatio bonorum* apparaît alors comme une sûreté donnée soit par le débiteur au plège, soit par le plège au créancier. Au caractère éventuel de l'obligation du plège, subordonnée à la non exécution du débiteur principal, elle emprunte elle-même le caractère éventuel qui la distingue du gage.

Un acte de 1185 montre nettement l'*obligatio bonorum* comme une sûreté donnée au plège : le débiteur après avoir fourni au créancier trois plèges, et à ces trois plèges principaux deux plèges secondaires, donne enfin en garantie à ces deux plèges secondaires l'obligation d'une terre, un contre-plège. Et lorsque supprimant l'intermédiaire devenu inutile des plèges, le débiteur obligera directement sa terre au créancier, les formules : « *in contraplegium* », « *in plegium* », « *in obsidem* », subisteront pour désigner cette obligation immobilière.

Comme sûreté donnée par le plège au créancier, l'*obligatio bonorum* se rencontre dans les nombreux actes de plévine envers le Roi, rapportés par le Cartulaire normand de L. Delisle, entre 1210 et 1235. Dans des formules assez diverses, les plèges en question obligent éventuellement au Roi l'ensemble de leurs immeubles en garantie de conventions passées soit entre un particulier et le Roi, soit entre particuliers. L'influence de la pratique de la chancellerie royale peut être présumée.

L'*excambium* résultant de l'obligation de garantie, dans les ventes d'immeubles et de rentes, constitue, comme l'a montré M. Legras (Bourgage de Caen), une autre source de l'*obligatio bonorum* ; du domaine de la garantie immobilière, la nouvelle sûreté s'étend vers le milieu du XIIIe siècle à celui des dettes mobilières.

Enfin, à partir du dernier quart du même siècle, l'*obligatio bonorum* devient de style dans les « lettres le roy », en même temps que s'institue une procédure d'exécution des immeubles obligés.

XVII. **Les sergenteries royales fieffées**, par M. E. Blum, ancien chargé de cours à la Faculté de droit de Poitiers.

M. Blum s'est proposé d'étudier l'histoire de la patrimonialité des offices en Normandie. Après avoir montré que le mot sergent, qui primitivement désignait un serviteur au sens le plus large du mot, a fini par s'appliquer principalement à des officiers subalternes de justice, M. Blum examine les différents types de sergent qu'on trouve en droit normand. La sergenterie fieffée est conçue comme tenure, le plus généralement noble, concédée à charge d'accomplir un service déterminé. Cette tenure pouvait consister soit en un domaine (tenure en sergenterie) soit en un droit incorporel qui comprenait tous les profits de la fonction de sergent.

C'est sous ce dernier aspect que nous apparaît la physionomie la plus typique de la sergenterie fieffée normande, qui est un des exemples les plus remarquables par sa vitalité des services fieffés du moyen âge et qui est plus considéré par les auteurs de la fin de l'ancien régime comme un fief que comme un véritable office.

La sergenterie fieffée, comme le fief, était devenue comme une véritable propriété, transmissible par succession, susceptible d'être aliénée entre vifs et dont la possession créait à la charge du sergent l'obligation d'accomplir personnellement sa mission. La charte normande de 1314 interdit encore aux sergents de faire exercer leur office par un fermier ou par un commis.

Cette institution eut à se défendre, du xvie au xviiie siècle, contre divers édits fiscaux, les uns, invoquant le principe de l'inaliénabilité du domaine et le texte de la charte normande, ordonnaient le rachat des sergenteries fieffées, les autres créant des offices nouveaux destinés à empiéter sur leurs attributions ; mais les sergents fieffés soutenus aux Etats de Normandie par toute la noblesse, résistèrent victorieusement à ces tentatives et obtinrent de racheter les offices nouveaux dont la création était susceptible de leur causer préjudice.

XVIII. **Le rôle joué par les trésoriers de France en matière de voirie dans la généralité de Rouen**, par M. J. Vannier, licencié en droit.

Jusqu'en 1599, ils n'ont qu'une compétence nominale. (1599-1669) : sous le contrôle du grand voyer, ils font de leur propre initiative les adjudications des travaux de voirie payés par le Domaine, les engagistes, les péagers. Pour les travaux payés pour le Trésor il faut un ordre du grand voyer seul ordonnateur des dépenses. Après sa suppression (1626), ils héritent de ses pouvoirs et deviennent de véritables ordonnateurs. Ils connaissent de toutes difficultés touchant les travaux. Les vicomtes sont leurs collaborateurs subordonnés. L'arrêt du Conseil du 21 octobre 1669 donne leurs pouvoirs à l'intendant assisté d'un trésorier de France choisi par le Roi. (1669-1789) : ils adjugent encore les travaux payés par les engagistes, les péagers. Ils ont la police du roulage, délivrent les alignements, font réparer tant bien que mal les chemins et rues par les riverains, retrancher les saillies des maisons, abattre les maisons menaçant péril imminent. On ne peut travailler aux murs de face ni y apposer d'objets sans leur permission. Ils jugent les contrevenants. On n'appelle de leurs ordonnances et jugements qu'au Conseil. En 1694, ils acceptent de connaître des procès entre particuliers en cette matière avec appel aux Parlements. Mal leur en prit. Pour se dérober à leur juridiction il suffit dès lors de prétendre qu'il s'agit d'un débat entre particuliers. A partir de 1730 environ, les officiers de police dans les villes, les juges royaux et les seigneurs justiciers pour les chemins vicinaux et de traverse essaient de les dépouiller de leur compétence. Un arrêt du Conseil du 27 juin 1752 évoque au Conseil tous conflits nés et à naître. Les rivaux des trésoriers continuent de procéder au Parlement de Paris ou de Rouen. Cependant, dans l'ensemble, les trésoriers gardèrent l'exercice de leur compétence. En outre, de 1697 à 1789 ils firent les adjudications de la fourniture du pavé pour Rouen et connurent des difficultés y ayant trait.

XIX. **Les élections municipales à Rouen au xvi° siècle. L'élection des conseillers, des quarteniers et du procureur de la ville sous le règne de François Ier (1515-1547), par M. E. Le Parquier**, professeur au Lycée Corneille et à l'Ecole supérieure des sciences et des lettres de Rouen.

L'administration municipale comprenait un élément déli-

bératif, le conseil des XXIV, et un élément actif, les 6 conseillers (2 anciens, 4 nouveaux, un par quartier), les 4 quarteniers, les 8 pensionnaires, le procureur, le greffier, le
receveur. Les conseillers et les quarteniers étaient nommés
par une élection à deux degrés ; le procureur, par l'assemblée
générale des bourgeois.

Les conseillers étaient élus tous les trois ans, le 4 juillet,
par les notables et les XXIV. On convoquait 100 à 120 notables
par quartier ; mais il n'en venait qu'une centaine en tout.
Chaque quartier désignait 2 candidats comme conseillers
anciens, 4 comme conseillers modernes ; les XXIV choisis-
saient parmi eux. Les quarteniers étaient élus de la même
façon ; mais c'est seulement à partir de 1523 qu'ils furent
nommés tous les trois ans, le 4 juillet, comme les conseillers.

Les bourgeois montrent peu de zèle électoral et les élus
peu d'empressement pour accepter leur élection. Il s'est établi
une gradation dans les fonctions municipales : les quarteniers sont pris parmi les auditeurs des comptes, les conseillers
nouveaux parmi les quarteniers. Quelques conseillers ont été
maintenus longtemps en fonctions : G. Auber, 6 fois conseiller
ancien, de 1514 à 1547 ; Jacques Le Luin, 5 fois, de 1526 à
1541. Les élections paraissent surtout destinées à solenniser
la transmission des pouvoirs ; les fonctions municipales sont
l'apanage d'un patriciat qui achète aussi les offices mis en
vente par la royauté.

Le procureur, qui a des fonctions viagères, est élu directement par les bourgeois. L'assemblée électorale est nombreuse
et comprend le clergé, la noblesse, les gens de justice, les
marchands. A la première élection, le 4 août 1519, il y a
202 comparants, à la seconde, le 2 avril 1529, il y en a 191
« et autre grand nombre de peuple ». Dans les deux cas le
procureur a résigné volontairement et désigné son succes-
seur ; l'assemblée ratifie cette désignation par acclamation.
La première élection, celle de Pierre Le Gouppil, sieur du
Parquet, est vraiment triomphale. L'empressement des bourgeois à prendre part à l'élection du procureur s'explique par
l'importance de la fonction et du personnage, qui était aussi
le procureur des Etats de Normandie.

BAR-LE-DUC. — IMPRIMERIE CONTANT-LAGUERRE. — 1926

IMPRIMERIE
CONTANT-LAGUERRE

LVX VITAM

BAR-LE-DUC